广西高速公路品质工程建设管理图册

GUANGXI EXPRESSWAY QUALITY ENGINEERING CONSTRUCTION MANAGEMENT ATLAS

广西高速公路投资有限公司　主编

人民交通出版社股份有限公司

北京

图书在版编目（CIP）数据

广西高速公路品质工程建设管理图册 / 广西高速公路投资有限公司主编 . — 北京 : 人民交通出版社股份有限公司 , 2022.12
ISBN 978-7-114-18294-5

Ⅰ . ①广⋯　Ⅱ . ①广⋯　Ⅲ . ①高速公路—道路建设—广西—图集　Ⅳ . ① U412.36-64

中国版本图书馆 CIP 数据核字（2022）第 197908 号

Guangxi Gaosu Gonglu Pinzhi Gongcheng Jianshe Guanli Tuce

书　　名：	广西高速公路品质工程建设管理图册
著 作 者：	广西高速公路投资有限公司
责任编辑：	郭晓旭
责任校对：	赵媛媛　龙　雪
责任印制：	刘高彤
出版发行：	人民交通出版社股份有限公司
地　　址：	（100011）北京市朝阳区安定门外外馆斜街 3 号
网　　址：	http://www.ccpcl.com.cn
销售电话：	（010）59757973
总 经 销：	人民交通出版社股份有限公司发行部
经　　销：	各地新华书店
印　　刷：	北京印匠彩色印刷有限公司
开　　本：	889×1194　1/16
印　　张：	18.5
字　　数：	208 千
版　　次：	2022 年 12 月　第 1 版
印　　次：	2022 年 12 月　第 1 次印刷
书　　号：	ISBN 978-7-114-18294-5
定　　价：	188.00 元

（有印刷、装订质量问题的图书，由本公司负责调换）

《广西高速公路品质工程建设管理图册》编制单位

主办单位： 广西交通投资集团有限公司

编写单位： 广西高速公路投资有限公司

　　　　　　各高速公路建设项目公司

编制委员会

主任委员： 周　文

副主任委员： 廉向东

委　　员： 秦育彬　曹长斌　吴忠杰　谭洪河　白　雷
　　　　　　张荫成　韦世明　段跃华　许松阳　韦　明
　　　　　　苏爱斌　黎水昌　黄显全　程耀飞　谢恩连
　　　　　　胡文学　刘　奕　劳家荣　赵德新　唐修益
　　　　　　黄世武　黄成岑　朱增辉　贾利强　李江华
　　　　　　满新耀　麦用润　邹晓明　梁达安

编写人员

主　　编： 吕东滨

副 主 编： 邵小军　劳　祺　莫秋玲

编写人员： 杜青旺　莫　勇　刘宏昌　彭孟珂　刘正宇
　　　　　　王继华　朱贤昭　元德壬　韦志翔　宾　桥
　　　　　　谢远耀　陆友芽　吴　嵩　陈　琳　蓝生斌
　　　　　　赵　鑫　张增辉　张　翼　何锦章　黎宣伯
　　　　　　李增源　傅　鹏　秦曙光　马耀宗　韦　荣
　　　　　　李东毅　李　博　谭宗林　王大伟　姚胜彪
　　　　　　黄　鲲

前言

广西交通投资集团有限公司坚持以习近平新时代中国特色社会主义思想为指导,深入学习贯彻党的二十大精神,习近平总书记关于全力打造"精品工程、样板工程、平安工程、廉洁工程"的重要指示精神[1],习近平总书记视察广西"4·27"重要讲话精神和对广西工作系列重要指示要求,自治区第十二次党代会精神,坚持以品质党建为引领,勇担广西交通建设主力军使命,秉承"责任交投、品质致远"的文化理念和"快、好、省"建设理念,充分主动融入"一带一路"建设、粤港澳大湾区建设、西部陆海新通道建设,推动公路项目建设高质量发展,打造平安百年品质工程,为建设新时代中国特色社会主义壮美广西贡献"交投力量"。

近年来,广西高速公路投资有限公司开展了隧道、边坡、桥梁、房建、机电等一系列品质工程攻关行动,总结、凝练形成具有广西地域特色的高速公路"品质工程十大建设管理理念",大力推行"四新技术",推广、固化先进的施工工艺、工法,取得了显著成效和优异成绩,所监管的河池

---

[1] 习近平出席投运仪式并宣布北京大兴国际机场正式投入运营［N］.人民日报,2019-09-26(01).

至都安高速公路荣获"国家优质工程金奖"，梧州至柳州高速公路等 3 个项目荣获"国家优质工程奖"，崇左至靖西高速公路等 7 个项目荣获"公路交通优质工程奖"，荔浦至玉林高速公路平南三桥荣获"中国钢结构金奖年度杰出大奖"，柳南高速公路改扩建项目马滩红水河特大桥等 4 座桥梁荣获"中国钢结构金奖"，钦州至崇左高速公路等 19 个高速公路项目获广西建设工程"真武阁杯"奖等。

本图册结合广西交通投资集团高速公路建设管理最新理念、最新要求和历年建设管理经验，展示了广西高速公路品质工程示范创建最新成果，代表了广西高速公路品质攻关行动最高成果与项目建设水平。内容主要以图片为主，力争简明扼要，对施工理念、厂站建设、施工机械、技术工艺、信息化应用等方面进行提炼和总结，旨在推行先进的建设管理理念，推广先进的施工工艺，强化标准的工艺流程，以起到标杆引领和导向作用。

本次编制工作得到了各项目公司及参建单位的大力支持和配合，在此表示衷心的感谢。鉴于时间紧促和水平有限，文中难免存在疏漏和不当之处，请各有关单位、同仁批评指正，及时反馈至广西高速公路投资有限公司工程管理部（广西南宁市青秀区民族大道 152 号铁投大厦 2716 室，邮编 530000），以便修订时改进。

审定单位：广西交通投资集团有限公司

编写单位：广西高速公路投资有限公司

广西高速公路品质工程
十大建设管理理念

1. 标准化设计与动态设计复核理念

2. 标准化、精细化施工理念

3. "永临结合"施工理念

4. 路基工程"全断面"施工与交验、边坡"开挖一级、防护一级、绿化一级、排水连通一级"施工理念

5. 附属工程先行（土路肩、中分带绿化）、路面"零污染"施工理念

6. 厂站"全天候"施工理念

7. 房建工程场坪、管网、路面、绿化先行及机电界面工程先行理念

8. 机械化换人、自动化减人理念

9. 智能集控与信息化管理理念

10. "交工即竣工"管理理念

目录

01 厂站建设

1.1	水泥混凝土拌和站	002
1.2	水泥稳定粒料拌和站	010
1.3	沥青混凝土拌和站	012
1.4	预制梁厂	014
1.5	小型预制构件厂	022
1.6	钢筋集中加工厂	024
1.7	砂石加工厂	032
1.8	隧道洞口临建	034

02 路基工程

2.1	机械设备	038
2.2	技术工艺	042
2.3	信息化应用	062

03
路面工程

3.1 机械设备　　066
3.2 技术工艺　　070
3.3 信息化应用　094

04
桥梁工程

4.1 胎架胎具　　102
4.2 技术工艺　　108
4.3 信息化应用　170

07
机电工程

7.1 界面工程　　220
7.2 预留洞室　　222
7.3 永临结合　　226
7.4 技术工艺　　228
7.5 信息化应用　234

08
交安工程

8.1 交通标线　　238
8.2 护栏　　　　240
8.3 视线诱导设施　246
8.4 "双符合"验证　247

05 隧道工程

5.1 机械设备　　176
5.2 技术工艺　　180

06 房建工程

6.1 "样板验收"制　　196
6.2 "材料准入"制　　198
6.3 场坪 / 管道 / 结构柱体 / 装配式
　　钢结构建筑　　199
6.4 交旅融合　　204
6.5 服务区　　208
6.6 精装修施工　　212

09 绿化工程

9.1 苗木准入制　　250
9.2 边坡绿化　　252
9.3 中分带绿化　　256
9.4 互通区、站区、服务区绿化　　260

10 美丽高速

01
厂站建设

1.1 水泥混凝土拌和站

● 龙门大桥、桂柳高速公路改扩建项目全封闭环保型混凝土输送中心

● 龙门大桥集控中心

混凝土配送控制中心采用远程操控，人员远离机械运转区域，安全环保；场站设置全方位实时监控，通过高清电子屏，生产全程清晰可视

●龙门大桥一体式混凝土降温系统专用设备

●龙门大桥、桂柳高速公路改扩建项目料仓电子显示屏

●龙门大桥、桂柳高速公路改扩建项目自动识别喷雾除尘系统

●龙门大桥、桂柳高速公路改扩建项目智能扫地机

●龙门大桥、桂柳高速公路改扩建项目自动洗车系统

●南天高速公路、龙门大桥、桂柳高速公路改扩建项目砂石分离机

●龙门大桥、桂柳高速公路改扩建项目污水净化压滤机配套系统

● 新桂柳、平南高速公路混凝土粗集料在线水洗设备

●大凭高速公路、南天高速公路振动拌和设备

●巴田高速公路全自动碎石水洗设备

● 平南高速公路、沙吴高速公路、大凭高速公路、田新高速公路、桂柳高速公路改扩建项目清水混凝土超声波碎石清洗设备

去除粉尘，提升混凝土性能。

● 机械式振动粗洗

● 水基溶剂超声波精洗

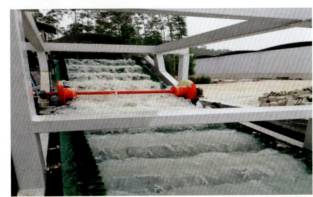

● 动水冲洗

● 超声波水洗前后效果对比图

1.2 水泥稳定粒料拌和站

厂站建设

● 新柳南高速公路水泥稳定粒料拌和站与项目部驻地

● 新柳南高速公路水泥稳定粒料拌和站振动拌和设备

1.3 沥青混凝土拌和站

厂站建设

● 新柳南高速公路 5000 型沥青混凝土拌和站

● 新桂柳高速公路沥青混凝土拌和站粉煤汽化炉

● 平天高速公路、新桂柳高速公路混凝土沥青拌和站天然气加热设备

厂站建设 1.4 预制梁厂

● 巴田高速公路 No.2 合同段全封闭式智慧梁厂

实现生产可视化、施工流程标准化、业务管理数字化、机械设备智能化和管理决策智能化,可全天候施工作业。

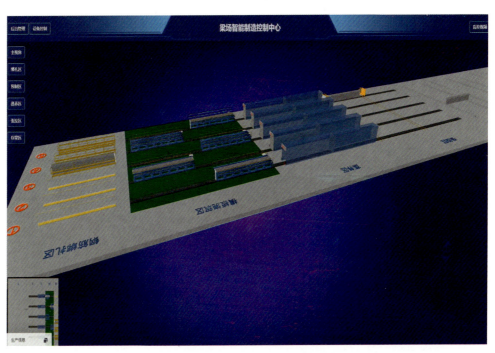

● 巴田高速公路 No.2 合同段梁厂智能制造生产管理平台

● 巴田高速公路 T 梁可移动台座
采用自动变频行走系统控制，实现台座移动智能化控制。

●南天高速公路组合式钢台座

●南天高速公路预埋钢板铰接式纵坡调节器

● 巴田高速公路、南天高速公路、平武高速公路、大凭高速公路、平天高速公路、平南高速公路、灌平高速公路自行式液压不锈钢T梁模板系统

● 模板液压系统

● 模板支撑结构

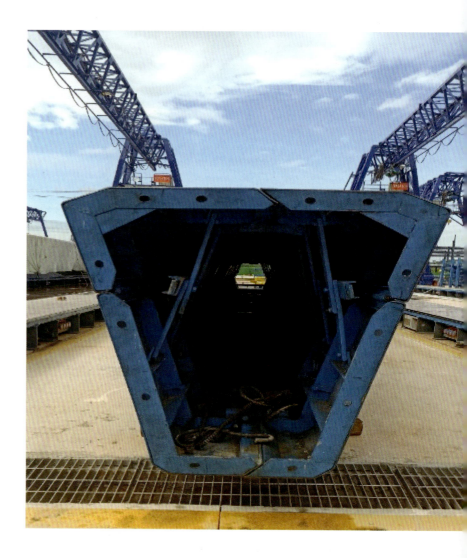

● 预制箱梁抽拉式合页可折叠钢内模

● 下拉杆技术

箱梁排气孔采用下拉杆对箱梁内模进行下拉固定,阻止箱梁内模上浮移位。

● 巴田高速公路蒸汽养生室

密闭，热量损失小，同时采用智能蒸养系统，减少人为影响，保证蒸养温度、湿度和养护时间，提高养护质量。

● 各项目门式起重机滑触线

降低了电缆线拖拽破损的风险，线形美观，安全简便。

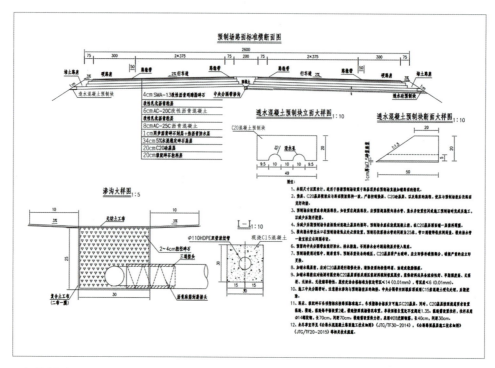

●永临结合预制梁厂路面标准横断面图

●永临结合预制梁厂

1.5 小型预制构件厂

厂站建设

● 生产区

● 荔玉高速公路、巴田高速公路自动布料，振捣，模盒移位

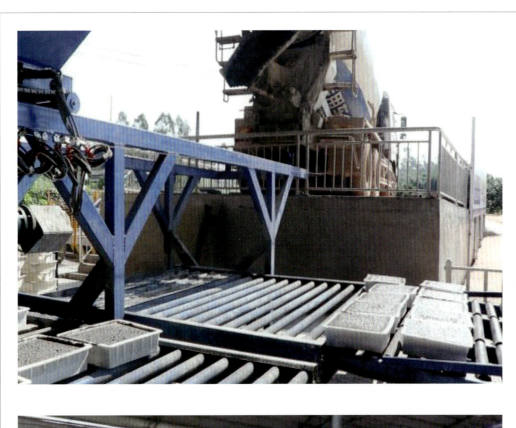

● 托盘接料，整体转移至养护区

1.6 钢筋集中加工厂

厂站建设

● 桂柳改扩建高速公路项目、龙门大桥、南天高速公路、沙吴高速公路、巴田高速公路等钢筋集中配送中心

● 沙吴高速公路、龙门大桥、南天高速公路、桂柳改扩建高速公路项目钢筋配送中心功能分区

●桂柳改扩建高速公路项目金刚砂地坪，美观、无尘、精密、高耐磨

●各项目数控钢筋调直机剪切一体机

●各项目数控钢筋剪切生产线

●钢筋带锯床

●全自动钢筋锯切套螺纹打磨一体机

●巴田高速公路、天巴高速公路钢筋直螺纹剥肋滚丝机

●镦粗机

●龙门大桥、大凭高速公路等钢筋端面铣平机

●龙门大桥、桂柳改扩建高速公路项目、南天高速公路、巴田高速公路、大凭高速公路、平武高速公路等数控钢筋弯曲中心

一次性可弯曲多根钢筋，可弯曲多个不同角度的钢筋。

●数控液压剪切弯曲中心

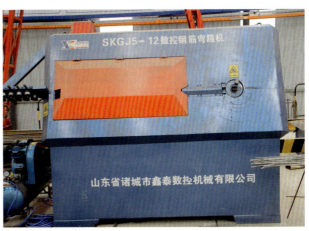

●数控钢筋弯箍机

●南天高速公路、平天高速公路、龙门大桥等数控钢筋弯圆机

● 双臂双工作台盖梁骨架片自动焊接机器人

● 南天高速公路桥面铺装钢筋网片焊接机

全自动智能化生产线，其网片刚度大、弹性好、间距均匀准确、焊点强度高、生产效率高。

● 钢筋笼滚焊机

加工速度块，工作效率高，加工质量稳定。

● 南天高速公路桥面铺装钢筋网片成品

● 焊烟净化器

● 桂柳改扩建高速公路项目、南天高速公路小导管尖头机

● 南天高速公路小导管冲孔机

● 隧道钢筋网片焊接机

●数控等离子切割机

●钢板自动冲孔机

●液压联合冲剪机

●数控冷弯机

●二氧化碳保护焊机

1.7 砂石加工厂

厂站建设

● 新柳南高速公路、新桂柳高速公路、平武高速公路、天巴高速公路、南天高速公路、大凭高速公路、平天高速公路、田新高速公路砂石加工厂

● 碎石生产线

●碎石成品

●新柳南高速公路、平武高速公路、南天高速公路、天巴高速公路、平天高速公路、大凭高速公路、田新高速公路精品机制砂生产线

1.8 隧道洞口临建
厂站建设

● 南天高速公路洞口场地标准化布局

● 南天高速公路洞口场地标准化布局

2.1 机械设备

路基工程

● 新柳南高速公路 No.5 合同段
（广西路桥）36t 羊足碾

● 沙吴高速公路 No.2 合同段（广西路桥）吊重锤击式强夯机

●天巴高速公路No.2合同段（中建铁投）冲击压路机

●大凭高速公路No.5合同段（中交一公局）移动式碎石机

●南天高速公路No.6合同段（中交一公局）高速液压夯实机

●巴田高速公路No.3合同段（中交四公局）大功率单钩破石机

● 大凭高速公路 No.3 合同段（中建八局）液压破碎锤

● 田新高速公路 No.1 合同段（贵州桥梁）边坡锚杆机

● 平南高速公路 No.2 合同段（中交一航局）边坡开槽铣挖机

● 巴田高速公路 No.3 合同段（中交四公局）自动无拉杆通涵台车

2.2 技术工艺

2.2.1 表土剥离及存放利用

●沙吴高速公路 No.2 合同段（广西路桥）表土剥离

●平武高速公路 No.5 合同段（中交二航局）表土剥离存放

●大凭高速公路 No.1 合同段（中铁一局）表土利用为种植土

2.2.2 软基处理

●大凭高速公路软基换填顶面嵌缝密实 No.1 合同段（中铁一局）

●大凭高速公路碎石桩处理软基，严格桩位放样 No.2 合同段（中国一冶）

2.2.3 路基填土

路基施工实现"五个均衡"，即：支挡结构与排水沟均衡推进，通涵基础（墙身）与八字墙均衡推进，通涵路面、排水与路基填筑均衡推进，涵台背回填与路基填筑均衡推进，边坡防护与路基填筑均衡推进。

●平南高速公路 No.2 合同段（中交一航局）支挡结构与排水沟均衡推进，边坡防护与路基填筑均衡推进

●平南高速公路 No.1 合同段（中交二公局）路基填方施划网格

●平武高速公路 No.5 合同段（中交二航局）路基填筑层厚标识

●大凭高速公路 No.6 合同段（广西长长路桥）路基网格填土

●推土机推平，平地机精平

●巴田高速公路 No.3 合同段（中交四公局）填土碾压

●平南高速公路 No.1 合同段（中交二公局）填挖交界挖台阶处理

●平南高速公路 No.1 合同段（中交二公局）临时排水

●巴田高速公路 No.3 合同段（中交四公局）超宽 50cm 填筑

●平南高速公路 No.1 合同段（中交二公局）填方边坡液压平板夯修整

● 大凭高速公路 No.5 合同段（中交一公局）强夯补强　● 天巴高速公路路 No.2 合同段（中建铁投）冲击压路机碾压补强处理

2.2.4　路基填石

● 平天高速公路 No.1 合同段（贵州路桥）破碎机解小，粒径控制

a）南天高速公路 No.1 合同段（中交二公局）　　b）平天高速公路 No.3 合同段（保利长大）

● 大吨位羊足碾碾压高填方路基沉降观测

a）大凭高速公路 No.5 合同段（中交一公局）

b）大凭高速公路 No.2 合同段（中国一冶）

● 边坡码砌密实，线形顺适

2.2.5　路基挖土

● 沙吴高速公路 No.2 合同段（广西路桥）截水沟先施工

● 沙吴高速公路 No.2 合同段（广西路桥）挖方边坡精修整

● 平南高速公路 No.2 合同段（中交一航局）挖方边坡坡度尺测量坡比

02　路基工程

2.2.6　路基挖石

●新柳南高速公路项目No.7合同段（广西路桥）光面爆破开挖

●新柳南高速公路项目No.7合同段（广西路桥）石方边坡液压破碎锤修整

2.2.7　土质改良

●新柳南高速公路项目No.11分部（广西长长路桥）撒布车撒布无机结合料

●荔玉高速公路 No.9 合同段分部（中交隧道局）机拌土质改良

2.2.8 路床加强

路床验收时整个断面内所有土建分项全部完工并分项验收合格，即：路段范围内的路基土石方、桥涵工程、排水工程、边坡防护、绿化、台背回填等分项分部工程已完成并验收合格。

●荔玉高速公路 No.18 合同段分部（中交隧道局）路床全断面交付

● 田新高速公路 No.3 合同段（广西路桥）移动式破碎机生产未筛分碎石

● 大凭高速公路 No.3 合同段（广西路建）上路床填筑未筛分碎石

● 平天高速公路 No.3 合同段（保利长大）上路床未筛分碎石填筑效果

2.2.9 排水工程

●崇水高速公路路基施工"排水绿化先行"

●巴田高速公路 No.1 合同段（中交三公局）边沟滑模施工

●巴田高速公路 No.2 合同段（中交路建）塑钢模板施工排水沟

2.2.10 防护工程

开挖、防护、绿化、排水紧密协同施工。即：边坡开挖一级，及时施工防护和绿化工程，严禁开挖长时间不防护，同时排水得到有效连通。

●巴田高速公路 No.2 合同段（中交路建）边坡开挖一级、防护一级、绿化一级、排水连通一级

● 平南高速公路 No.2 合同段（中交一航局）CBS 植被混凝土防护及绿化效果

● 蜂巢约束系统边坡防护

采用蜂巢约束系统改善石质边坡防护，达到边坡绿化率达99%，无圬工痕迹，达到自然美观的效果。

● 大凭高速公路 No.2 合同段（中国一冶）蜂巢约束系统——蜂巢格室填土及绿化效果

● 平南高速公路 No.1 合同段（中交二公局）定制拱形骨架 SBS 模板

● 荔玉高速公路 No.2 合同段分部（中交隧道局）拱形骨架效果

02 路基工程

●巴田高速公路 No.3 合同段（中交四公局）边坡开槽铣挖机边坡刻槽

●巴田高速公路 No.3 合同段（中交四公局）塑钢模板施工格构梁

●新柳南高速公路项目 No.10 合同段（广西路桥）格构梁施工效果

2.2.11　现浇通涵

●平南高速公路 No.1 合同段（中交二公局）通涵墙身自动无拉杆通涵台车施工

●平天高速公路 No.1 合同段（贵州路桥）通涵墙身自动无拉杆通涵台车施工效果

●大凭高速公路 No.1 合同段（中铁一局）通涵墙身维萨模板施工

●大凭高速公路 No.1 合同段（中铁一局）通涵墙身维萨模板施工效果

● 平武高速公路 No.1 合同段（广西路建）通涵墙身不锈钢模板施工及效果

2.2.12 装配式通涵

●荔玉高速公路 No.12 合同段分部（中交二公局）装配式涵洞工厂化预制及现场拼装

●荔玉高速公路 No.12 合同段分部（中交二公局）装配式涵洞沉降缝采用双组份聚硫密封胶进行防水处理

●荔玉高速公路 No.12 合同段分部（中交二公局）装配式涵洞整体效果

a) 离心工艺

b) 蒸汽养生

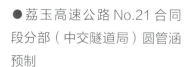

●荔玉高速公路 No.21 合同段分部（中交隧道局）圆管涵预制

c) 成品

2.2.13 通涵防水

a) 大凭高速公路 No.5 合同段（中交一公局）

b) 平武高速公路 No.1 合同段（广西路建）

●现浇通涵沉降缝、拉杆孔防水处理采用"双组份聚硫密封胶＋外贴防水卷材"施工

2.2.14 涵背回填

a) 大凭高速公路 No.5 合同段（中交一公局）

●荔玉高速公路 No.12 合同段分部（中交二公局）粘贴层厚标尺

b) 新柳高速公路南 No.10 合同段（广西路桥）

●通涵台背回填液压补夯

2.3 信息化应用

路基工程

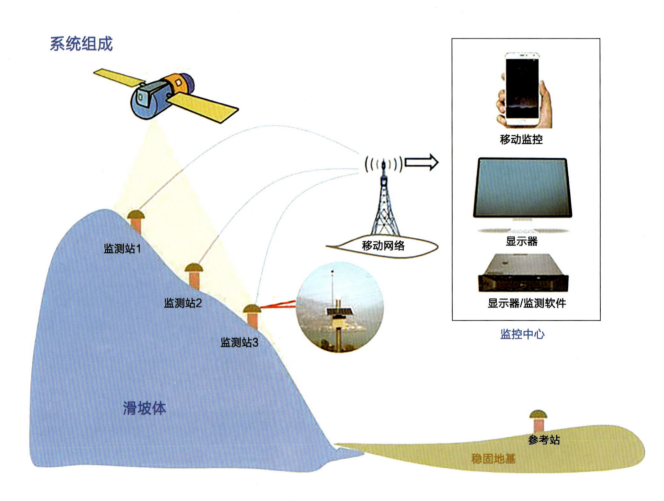

●巴田高速公路 No.1 合同段（中交三公局）高边坡北斗实时监控系统

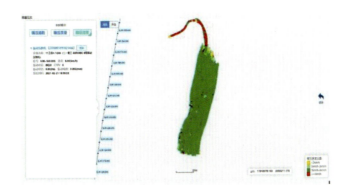

● 平天高速公路 No.3 合同段（保利长大）路基智能碾压应用技术

3.1 机械设备

路面工程

●荔玉高速公路、新柳南高速公路项目水泥混凝土滑模摊铺机

●荔玉高速公路、河百高速公路路肩培土滑模摊铺机

●荔玉高速公路、西环高速公路路面改造路肩硬化混凝土滑模摊铺机

● 清理清扫机（一）

● 清理清扫机（二）

● 清理清扫机（三）

● JH450 就地热风机

取代人工 + 鼓风机，快速应对雨季施工。

● 抗离析全断面沥青摊铺设备

●大厚度抗离析全断面水稳摊铺设备

●水泥净浆洒布车

●沥青透层洒布车

●成套碾压设备

●同步碎石封层撒布车

03 路面工程

3.2 技术工艺

3.2.1 级配碎石垫层施工

材料规格 （mm）	掺配比例 （%）	筛孔尺寸（mm）						
		31.5	19.0	9.5	4.75	2.36	0.6	0.075
19~31.5	10	100	2.8	0.3	0.3	0.3	0.3	0.3
9.5~19	30	100	87.1	1.1	0.5	0.5	0.5	0.5
4.75~9.5	25	100	100	95.1	9.2	3.3	1.1	1.1
0~4.75	35	100	100	100	96.6	58.8	27.3	5.7
合成级配	100	100	86.4	59.1	36.3	21.6	10.0	2.5

● 四级配设计

● 集中强制拌和

● 全断面摊铺

● 碾压（1台双钢轮、2台单钢轮）

3.2.2 水泥稳定粒料层施工

大厚度（底）基层摊铺成型工艺：将传统的三层分层摊铺、分层碾压、分阶段成型施工，改为大厚度底基层＋大厚度基层施工，工效提升显著。

●下承层清扫

●下承层湿润

●钢侧模支护

●碾压设备就位（1台双钢轮、2台单钢轮、1台胶轮、1台小型双钢轮）

●振动拌和＋层铺式静态分层卸料（改进以往五步装料法，避免来回移车）

● (底)基层全断面摊铺

● 层间结合料机械喷洒

●摊铺、碾压分区明确

●边部机械补注浆

●人工配合机械注浆

●边部抗离析挡板

●分区分部碾压，控制碾压遍数

● 小型双钢轮边部补强碾压

●（底）基层覆土工布，洒水养生

3.2.3 基于附属结构物先行的路面"零污染"施工工艺

● 级配碎石垫层施工后进行土路肩滑模施工

● 底基层施工后进行路缘石滑模施工

● 碎石渗透型隐形路面截水沟一体化硬路肩滑模施工

● 中央分隔带培土

● 中分隔带填土后进行基层和绿化施工

3.2.4 沥青功能层施工

电脑触屏操作,保证洒布量和洒布宽度,侧向挡板防止飞溅污染。

● 智能型透层油洒布车作业

●智能洒布车喷洒改性沥青防水黏结层

●同步碎石封层洒布车作业

●胶轮碾压施工连续作业保证黏结效果

3.2.5 沥青混凝土原材制备

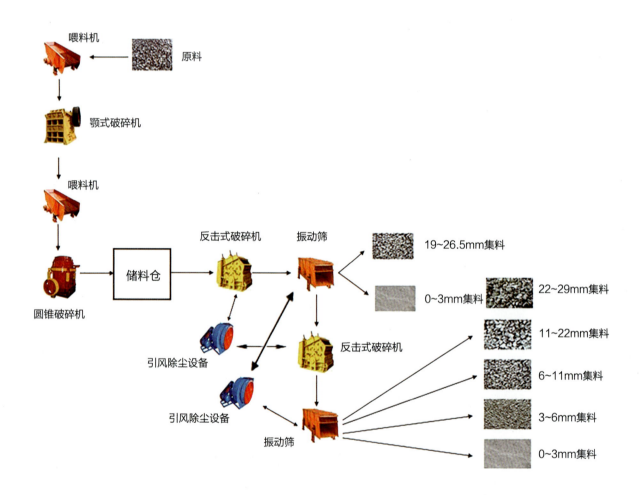

● 沥青混凝土碎石控制标准

●石料三级破碎、整形

●碎石除尘

●碎石水洗

●改性沥青制备

3.2.6 沥青混凝土生产与运输

● 全计算机控制沥青混凝土拌和，提升拌和效率，保证成品质量

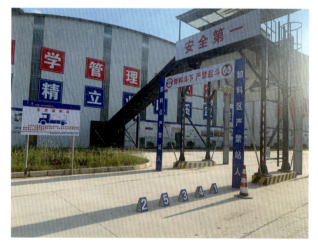

● 沥青混凝土"前、后、中"顺序装料

●沥青混凝土运输(车厢底及侧面涂刷植物油、顶部覆盖篷布)

3.2.7　AC 沥青路面施工

●沥青面层全断面摊铺(抗离析拖链)

● 沥青面层全断面摊铺（抗离析拖链）

● 智能碾压

通过感应器反馈温度与碾压质量，实现智能化与信息化综合运用，落实智能集控与信息化管理理念。

● 沥青上面层碾压（3台钢轮、4台胶轮）

● 设备防污染：铺设土工布，并进行冲洗

● 横向接缝控制要素：切边、碾压顺序、温度和平整度控制

03 路面工程

3.2.8 SMA 沥青面层施工

● SMA 沥青玛琋脂路面摊铺

● SMA 沥青路面碾压设备组合（4 台大双钢轮、1 台单钢轮、1 台小双钢轮）

● SMA 沥青玛琋脂路面成型

3.2.9　PAC 排水沥青面层施工

● PAC 排水沥青路面摊铺

● 缝隙式水沟安装

●路面排水效果检验

●透水标线

3.2.10　薄层沥青罩面施工

●薄层沥青罩面层摊铺

●薄层沥青罩面层碾压

●薄层沥青罩面成型

3.2.11 钢桥面浇筑式沥青混凝土路面施工

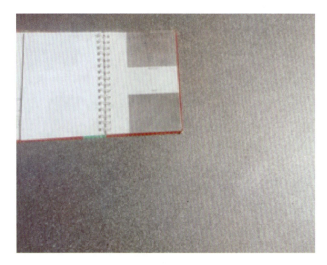
● 钢桥面喷砂除锈后检测

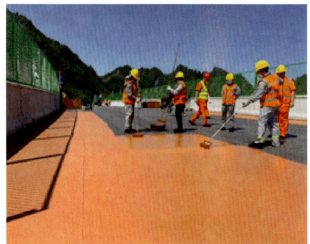
● 防腐层丙烯酸防腐漆施工

● 钢桥面甲基丙烯酸施工

●钢桥面甲基丙烯酸甲脂树脂施工

●钢桥面浇筑式摊铺机就位

●钢桥面浇筑式沥青混凝土摊铺

3.2.12 沥青路面无损检测

● 激光构造深度和平整度检测

● 横向力 SFC 系数检测

●渗水系数检测

●构造深度检测

●八轮仪平整度检测

●摆值检测

路面工程 3.3 信息化应用

充分利用"互联网+"、物联网技术、移动平台等信息化科技手段和北斗高精度定位设备、红外温度探测设备、无线射频设备、振动传感器等，使路面施工质量达到"五稳一足"（热料仓矿料级配稳定、沥青及矿料加热温度稳定、沥青混合料拌和周期稳定、摊铺碾压速度稳定、摊铺碾压温度稳定，碾压遍数达到要求）。

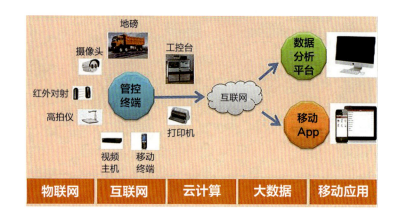

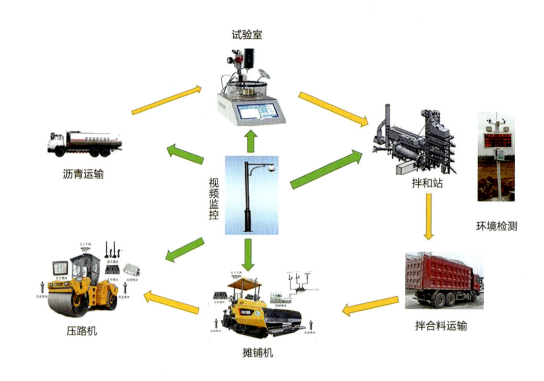

● 机、施、料互联

3.3.1 前后场智能管控

● 拌和站智能监控

● 运输智能监控

3.3.2 摊铺智能系统

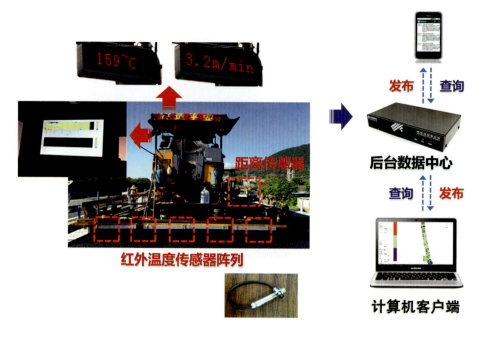

● 智能摊铺成套设备

● 3D 智能摊铺

● 卫星定位系统

● 3D 智能摊铺信息展示界面

3.3.3 智能碾压

● 无人驾驶碾压

●无人驾驶碾压系统

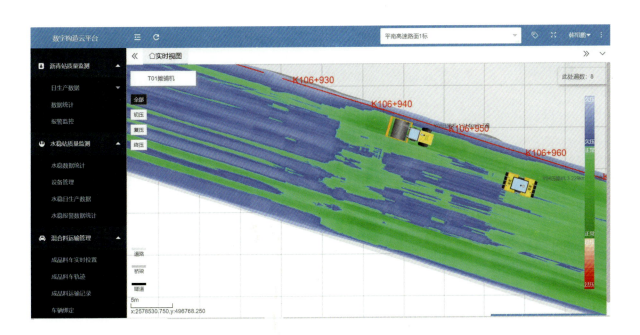

●智能碾压系统界面

03 路面工程

04

桥梁工程

桥梁工程

4.1 胎架胎具

● 龙门大桥 No.1 合同段（中交路建）钢筋笼存放胎架

● 桂柳高速公路改扩建项目 No.3 合同段（中交路建）

钢筋笼安装下放操作平台。

● 南天高速公路 No.2 合同段（中国中铁一局）

T 梁腹板钢筋整体定位胎架。

● 沙吴高速公路预制标（浙江交工）箱梁腹板钢筋整体定位胎架

● 沙吴高速公路预制标（浙江交工）波纹管定位胎架

● 南天高速公路 No.2 合同段（中国中铁一局）腹板钢筋吊具

●沙吴高速公路预制标（浙江交工）顶板钢筋整体定位胎架

●新柳南高速公路项目No.2合同段（广西路桥）箱梁齿块钢筋整体定位胎架

●南天高速公路No.1合同段（中交二公局）T梁负弯矩齿块钢筋定位架

●新柳南高速公路项目 No.2 合同段（广西路桥）伸缩缝钢筋整体定位胎架

●南天高速公路 No.1 合同段（中交二公局）梁底预埋钢板焊接台

●荔玉高速公路钢绞线穿束防护架

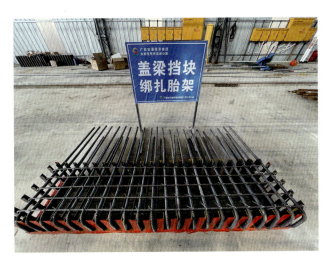

●大凭高速公路 No.6 合同段（广西路桥）盖梁挡块钢筋定位胎架

●大凭高速公路 No.6 合同段（广西路桥）支座垫石钢筋绑扎胎架

●新柳南高速公路项目桥梁护栏钢筋定位模架

●平南高速公路墩身钢筋骨架采用预埋定位卡具

4.2 技术工艺

4.2.1 钢筋加工

● 南天高速公路 No.6 合同段（中交一公局）钢筋进场后按规范堆放整齐并标识对应状态

● 龙门大桥 No.1 合同段（中交路建）钢筋快速锯切

精度高、刚性大，可以实现整捆钢筋一次性切割，切割后截面平整度好。

● 南天高速公路 No.5 合同段（保利长大）钢筋智能弯曲加工

● 桂柳高速公路改扩建项目 No.3 合同段（中交路建）钢筋智能弯箍机

调直、弯曲、剪切一次完成。

●南天高速公路 No.5 合同段（保利长大）钢筋智能弯圆加工

a) 大凭高速公路 No.5 合同段（中交一公局）钢筋下料锯切

b) 大凭高速公路 No.5 合同段（中交一公局）钢筋加工成品

c) 大凭高速公路 No.5 合同段（中交一公局）钢筋镦粗及成品

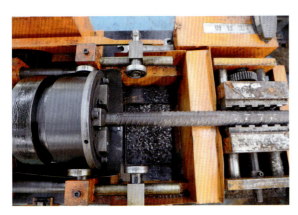

d) 龙门大桥 No.1 合同段（中交路建）钢筋自动车丝及成品

e) 南天高速公路 No.5 合同段（保利长大）钢筋自动打磨机及钢筋成品

f) 沙吴高速公路预制标（浙江交工）钢筋成品带帽存放

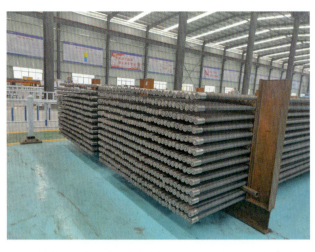

g) 桂柳高速公路改扩建项目No.3合同段（中交路建）钢筋货架式存放

h) 桂柳高速公路改扩建项目No.3合同段、龙门大桥No.1合同段（中交路建）、灌平高速公路No.7合同段（华邦建投）钢筋笼焊接机器人

提高精度，保证焊接质量，可连续高强度工作。

i) 沙吴高速公路预制标（浙江交工）预制梁钢筋智能焊接机器人

j) 大凭高速公路No.5合同段（中交一公局）双臂双工作台盖梁骨架片自动焊接机器人

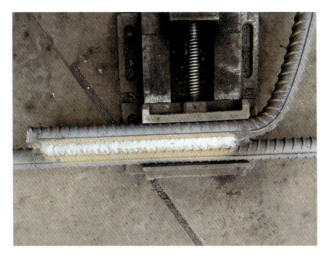
k) 自动焊接机器人焊接成品

l) 二氧化碳保护焊及成品

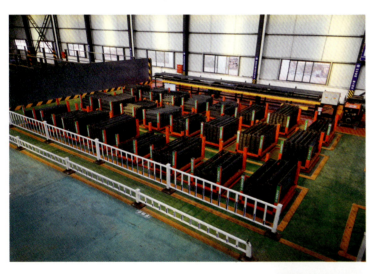
m) 巴田高速公路 No.1 合同段（中交三公局）半成品仓储式配送中心

n) 南天高速公路 No.2 合同段（中国中铁一局）钢筋运输摆渡车
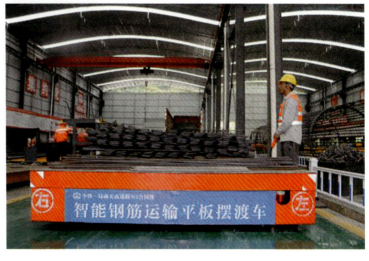

● 钢筋加工示意图 [a)~n)]

04 桥梁工程

4.2.2 桩基施工

● 大功率旋挖钻机

钻孔深度可达 100m，钻孔直径可达 3m，在钻进过程中对孔径、倾斜度等指标的控制效果好，嵌岩能力强，钻进效率高。

● 平武路泵吸式反循环钻机

● 采用标准渣样架进行渣样留存

● 荔玉高速公路平南三桥双泥浆净化器

反循环清孔工艺，在砂卵石及粉质黏土层地质条件下，可大大提高清孔效率。

● 南天高速公路、新柳南高速公路高压风管 + 黑旋风 ZX-200 泥浆净化装置"清孔工艺

● 田新高速公路桩底溶洞声呐探测仪

● 龙门大桥全自动超声波桩基成孔检测仪

代替传统使用钢筋笼检测桩基成孔，有效提高桩基孔型、孔径、垂直度及沉渣厚度检测的精度。

● 南天高速公路泥浆分离机

对桩基泥浆进行砂石分离，提高桩基泥浆使用率，更好地保护环境。

●现场钢筋笼存放架

钢筋笼现场存放平稳,有效防止钢筋笼变形。

●桂柳高速公路改扩建项目No.3合同段(中交路建)辅助对中操作平台

钢筋笼安装下放采用辅助对中操作平台,使钢筋笼定位更精确高效,提高作业安全性。

●导管试拼连接及进行气密性试验

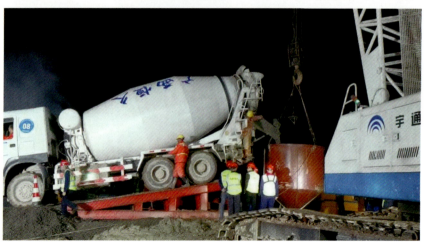

●龙门大桥No.1合同段(广西路桥)混凝土灌注过程采用模架式平台

4.2.3 承台施工

● 田新高速公路、天巴高速公路、荔玉高速公路液压分裂机+PVC隔离套管破桩头

采用液压分裂机+PVC隔离套管破桩头技术，破除的桩头面较平整且工作效率得到大幅提高。

● 天巴高速公路No.4合同段（浙江交工）承台钢筋采用卡具精确定位

●南天高速公路承台大体积混凝土冷却管布设

●桂柳高速公路改扩建项目No.3合同段（中交路建）承台采用不锈钢模板

●预埋钢筋采用卡具定位安装

4.2.4 现浇墩柱施工

●平武高速公路No.3合同段（中交养护）、No.5合同段（中交二航局）装配式一体化施工防护梯笼

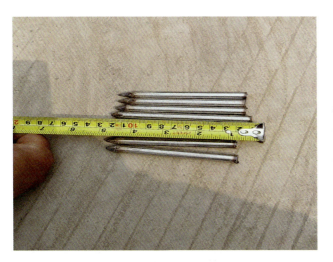

●荔玉高速公路No.18分部墩柱钢筋笼采用"专用磨尖不锈钢钉＋螺旋调节"装置，确保钢筋层一次性抽检合格率

●平武高速公路、沙吴高速公路、大凭高速公路、新柳南高速公路项目采用圆墩 304 不锈钢模板

●南天高速公路 No.2 合同段（中国中铁一局）采用维萨板液压爬模

具有自重轻，施工操作便捷等优点。

●荔玉高速公路 No.11 合同段（中交二航局）液压爬模（大块钢模板）

●荔玉高速公路 No.18 合同段墩柱混凝土浇筑使用串筒，可防止混凝土离析

●南天高速公路 No.3 合同段（中交二航局）方墩喷淋养护系统

●南天高速公路 No.1 合同段（中交二公局）墩柱采用滴灌+包裹薄膜养生，墩顶钢筋采用 PVC 管防锈

04　桥梁工程

4.2.5 现浇盖梁施工

● 荔玉高速公路盖梁钢筋骨架采用台座整体绑扎

● 荔玉高速公路盖梁钢筋整体吊装

● 巴田高速公路盖梁采用无内拉杆式定型不锈钢模板，支座垫石钢筋采用胎架整体定位制作

● 南天高速公路盖梁混凝土采用泵送浇筑

● 南天高速公路盖梁采用土工布包裹＋滴灌养生

4.2.6 智慧梁场

●半成品材料堆放整齐

●自动液压模板实现作业平台与锚固体系一体化

●梁场自动化流水线

●自动移梁，智能蒸养

●智慧梁场信息控制中心实时监控

●智慧梁场永临结合，因地制宜

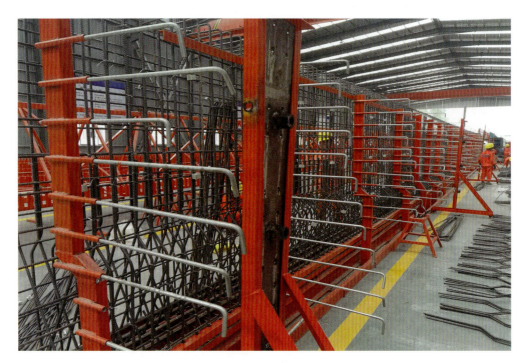

●巴田高速公路 No.2 合同段（中交路建）腹板钢筋采用定位胎架整体绑扎

●波纹管热熔连接

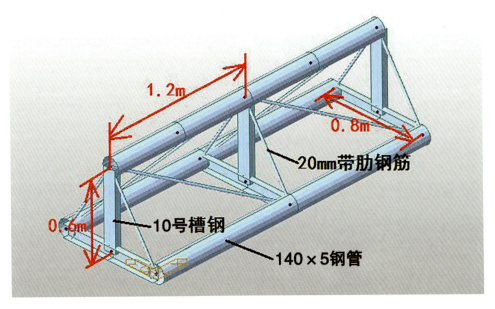

● 巴田高速公路 No.2 合同段（中交路建）腹板钢筋骨架使用吊具整体吊装（一）

●巴田高速公路No.2合同段（中交路建）腹板钢筋骨架使用吊具整体吊装（二）

●巴田高速公路No.2合同段（中交路建）顶板钢筋采用定位胎架整体安装

●沙吴高速公路预制标（浙江交工）高频振动器自动控制系统

●平南高速公路人工木抹二次收面

梁板预制时顶板浇筑完成后人工使用木抹进行二次收面，有效去除浮浆，保证混凝土面平整粗糙。

●平天高速公路No.3合同段（保利长大）T梁钢筋采用装配式加工生产线

●新柳南高速公路项目梁体腹板镜面效果

●巴田高速公路No.2合同段（中交路建）自动蒸养室

●荔玉高速公路预留钢筋喷刷水泥浆保护

●南天高速公路No.1合同段（中交二公局）免凿毛贴板

●南天高速公路No.1合同段（中交二公局）

预应力管道挡块。避免杂物、水进入孔道；创新制作可调式梁体支撑工具，简易美观，使用简便。

04 桥梁工程

●南天高速公路 No.2 合同段（中国中铁一局）新型手持式双头凿毛机

●钢绞线穿束机

●南天高速公路 No.1 合同段（中交二公局）钢绞线张拉前外漏段保护

●崇水高速公路螺旋顶推工艺

采用螺旋顶推工艺拆除梁体端模，有效确保梁体端头完整性，有利于端头混凝土凿毛。

●全智能预应力张拉

● 沙吴高速公路预制标（浙江交工）全智能预应力压浆

4.2.7 防撞护栏

● 南天高速公路 No.3 合同段（中交二航局）桥梁护栏钢筋整体预埋

● 新柳南高速公路项目护栏钢筋采用定位模架安装

●防撞护栏台车　　　　　　　　　　　　　　●防撞护栏台车

护栏台车（双侧）一次性可安装施工12m，只须组装模板一次，减少拆模时间，提高施工效率，改善护栏线形，提升工程质量，保障施工安全。

●护栏外包施工效果

桥梁护栏采用了外包设计与施工，从根本上杜绝了防撞墙底部漏浆、杂物填充等不良形象、质量问题。

●沙吴高速公路采用新泽西护栏

4.2.8 桥面铺装

●新柳南高速公路项目钢筋安装前对梁顶面进行凿毛并冲洗干净

●南天高速公路 No.2 合同段（中国中铁一局）网片焊接机

钢筋网片自行采用网片焊接机全自动智能化生产，保证网片强度、间距准确及焊接点强度。

● 新柳南高速公路、荔玉高速公路、新桂柳高速公路激光桁架摊铺机

使用激光桁架摊铺机，有效控制振动梁轨道的高程，使轨道有足够的刚度，以保证桥面的厚度、平整度。

● 桥面覆盖土工布洒水保湿养生

● 桥面铺装完成效果

●新柳南高速公路桥面精铣刨

●平南路精铣刨完成效果

●桥面排水系统完善

●桥下三清效果良好

4.2.9 伸缩缝后浇横梁法

● 南天高速公路、平武高速公路、平天高速公路伸缩缝后浇横梁法

将 T 梁伸缩端进行预留槽口，在桥面混凝土铺装完成后安装伸缩缝预埋筋再整体浇筑混凝土，有效克服传统工艺预埋钢筋线形不一致、钢筋受疲劳破坏质量通病。

4.2.10 装配式墩柱施工［以荔玉高速公路 No.14 合同段（中交一公局）为例］

●装配式墩柱钢筋绑扎过程

●钢筋胎架

●装配式墩柱模板安装

●模板安装完成

●使用串管浇筑混凝土

● 拆模包裹养生

4.2.11 装配式墩柱架设［以荔玉高速公路 No.14 合同段（中交一公局）为例］

● 墩柱运输

● 墩柱底凿毛

● 灌浆套筒清理

●墩柱起吊

●系梁顶凿毛

●垫板及挡浆板安装，垫层砂浆铺设

●墩柱对中

●墩柱垂直度调节

●注浆管及出浆管安装

●套筒注浆

●注浆口封堵并采用硅烷浸渍防水

4.2.12　装配式盖梁施工［以荔玉高速公路 No.14 合同段（中交一公局）为例］

●装配式盖梁底板灌浆套筒及柱塞安装

●注浆管安装

●底座、注浆管在胎架上固定

●盖梁钢筋绑扎及吊运

●盖梁钢筋吊运

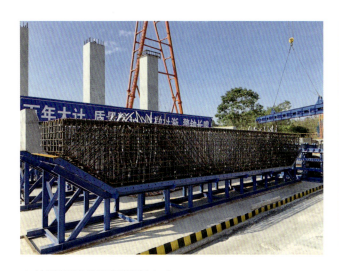

●盖梁钢筋吊运至预制台座

●定制无内拉杆侧模安装

●拆模及全包裹养生

●盖梁混凝土浇筑

4.2.13 装配式盖梁架设［以荔玉高速公路 No.14 合同段（中交一公局）为例］

● 盖梁运输

● 墩柱顶凿毛

● 墩柱抱箍及垫板安装

●盖梁起吊

04 桥梁工程

● 就位对中

● 砂浆垫层铺设

● 下落到位

● 注浆管通气试验并进行注浆

● 架设完成

4.2.14 钢管拱桥施工（以荔玉高速公路平南三桥为例）

● 荔玉高速公路平南三桥

主桥为 575m 中承式拱桥，是当前世界跨径最大的拱桥。

● 水泥搅拌桩槽壁加固技术

● 卵石层重物

● 浅表岩溶预处理

地连墙整体基础下（约地面以下 35m 到岩面）存在较为发育溶洞，地连墙施工前，配合物探技术，对溶洞采用冲击钻钻进，灌注自密实混凝土。

a)

b)

● 拱座地下连续墙墙体钢筋笼加工，钢筋间距均匀，线形良好

● 地连墙采用具备自动纠偏功能的液压抓斗和双轮铣槽机,抓铣结合,快速施工

● 拱座基础底板钢筋安装,间距均匀,线形良好

● 拱座基础底板大体积混凝土覆盖棉被,保温养护

● 装配式钢管塔架安装

● 装配式钢管塔架法兰盘贴密度验收，满足要求

● 装配式钢管塔架扣索鞍安装

● 全球卫星导航定位智能张拉塔顶偏位控制系统
（将塔顶偏位控制在 ±20mm 内）

04 桥梁工程

●钢结构下料使用等离子切割，保证下料精度

●主拱肋采用"3+1"方式进行卧拼总成，保证制造精度

● BIM+三维激光扫描仪技术，改进拱肋加工工艺，减少返工浪费

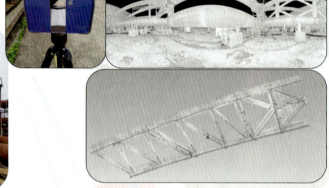

●拱肋钢结构节段进行喷砂检测，保证涂装质量

●拱圈安装线形动态自动测量控制技术

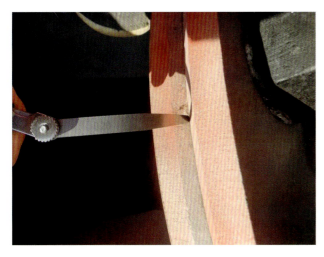

● 主拱肋现场安装法兰盘贴密度满足 0.2mm 塞尺 95% 以上的要求

● 拱肋瞬时合龙，合龙精度达 2mm

● 钢管混凝土灌注调载技术

钢管混凝土灌注过程，拱顶应力集中，在拱 1/4 及 3/4 处设置调索扣索，混凝土灌注过程进行索力监控及拱肋线形，并利用千斤顶对称分级调索，确保拱顶结构安全。

● 疏水缔合增稠技术

历程可控复合膨胀补偿收缩技术，实现了对密闭空间自充填与自密实，补偿混凝土各龄期的收缩，切实解决钢管混凝土脱黏、脱空的质量通病。

●管内混凝土灌注前场进行扩展度试验

●高温天气进行C70管内自密实混凝土灌注，给拱肋淋水降温

●钢格子梁吊杆锚管定位，锚管中心点与放样点精准重合

●钢格子梁安装

●主桥钢格子梁合龙，合龙精度2mm

●主桥防撞护栏安装,线形良好

●引桥人行道防滑砖铺设横平竖直,线形良好

●主桥人行道 PU 橡胶板铺装试验段施工,线形良好

04 桥梁工程

4.2.15 斜拉桥施工（以荔玉高速公路相思洲大桥为例）

●荔玉高速公路相思洲大桥

主跨450m，是目前广西最大跨径斜拉桥。

●主墩钢平台施工

●钢护筒焊接下放+冲击钻自动钻孔施工

●主墩桩基混凝土泵送浇筑

● 500t 钢围堰整体下放

● 主墩承台封底混凝土浇筑采用中心集料斗法

● 钢围堰下放

采用新型单点控制多点联动智能化连续千斤顶，钢围堰下放进度较原有常规设备下放进度有极大提高。

● 主墩承台连续 36h 浇筑完成

●索塔起始段合模

●下索塔维萨板液压爬模法施工

● 主梁吊装

●斜拉索安装

●中跨合龙

4.2.16 在建世界最大跨径拱桥、广西最长跨海大桥

●广西交通投资集团在建世界最大跨径拱桥——天峨龙滩特大桥主桥拱桁实现高精度合龙（建设中）

●广西交通投资集团在建广西最长跨海大桥——龙门大桥主塔封顶（建设中）

桥梁工程 4.3 信息化应用

●荔玉高速公路 BIM 管理平台

实现对项目复杂工程的进度、质量、档案、材料物资以及安全方面进行综合管理。其中，通过漫游功能，可实现可视化、身临其境的视觉、空间感受，及时发现不易被察觉的不合理布场情况，减少由于事先规划不周全而造成的损失。

●荔玉高速公路视频监控系统

视频监控系统基于"互联网+"理念，推行大数据等现代信息技术应用。在场站、大于100m桥梁、预制梁场、隧道均设置视频监控系统，终端与指挥部视频联网，实施监控现场质量、安全动态，有效提升建设管理智能化水平。

●龙门大桥栈桥交通监控调度系统,保证用车行车安全

- 实时了解栈桥路况
- 语音引导车辆
- 地图标记施工地点
- 规划行驶线路
- 查询历史轨迹
- 合理调度车辆

●龙门大桥视频系统目标

● 工程实体实名溯源系统

　　按分部、分项工程的划分,在云端建立信息管理平台,通过软件自动生成桥梁墩柱、盖梁的工程二维码,落实各单位/分部工程的质量责任追溯。

05
隧道工程

5.1 机械设备

隧道工程

● 南天高速公路 No.2 合同段（中铁一局）车载湿喷机械手

● 平天高速公路 No.3 合同段（保利长大）C6 水平钻机

● 南天高速公路 No.1 合同段（中交二公局）多功能钢拱架安装架立台车

●田新高速公路 No.3 合同段（广西路桥）三臂（多臂）凿岩台车

●南天高速公路多功能防水板铺挂台车

●南天高速公路自行式电缆沟槽现浇台车

●南天高速公路 No.2 合同段（中铁一局）多功能喷淋养护台车

●南天高速公路 No.2 合同段（中铁一局）、No.6 合同段（中交一公局）多功能扫地车（检修、炮雾、扫地及铣刨于一体）

●南天高速公路 No.5 合同段（保利长大）静音射流风机

5.2 技术工艺

5.2.1 套拱施工

● 平天高速公路套拱组合钢模施工

● 采用组合钢模施工，使套拱实体质量及混凝土外观得到了优质提升

5.2.2 超前地质预报

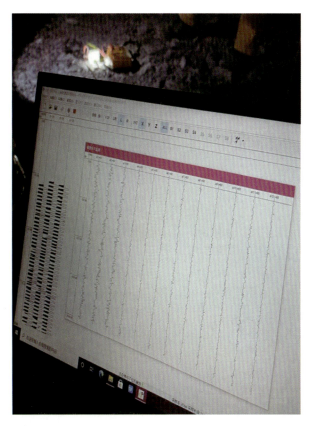

● 天巴高速公路 TSP305 三维隧道地质预报系统
能进行掌子面前方达 200m 的长距离超前地质预报。

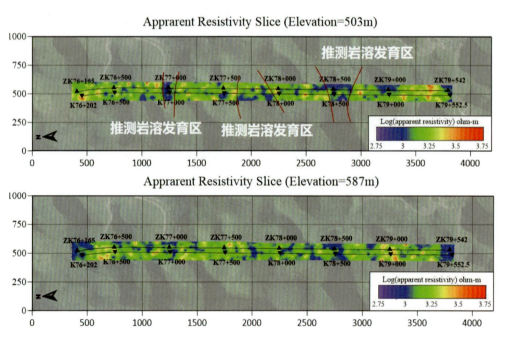

● 天巴高速公路无人机半航空瞬变电磁探测

用于复杂地形条件下隧道勘察，探测结果能够反映隧址区地下电性分布情况，对含导水区域圈定较好。

5.2.3 超前支护施工

●南天高速公路超前小导管施工

●南天高速公路超前小导管注浆

5.2.4 洞身开挖

●南天高速公路No.6合同段（中交一公局）三臂凿岩台车钻孔

●南天高速公路聚能水压爆破效果图

5.2.5 初期支护

●新桂柳高速公路 No.1 合同段（中交一公局）湿喷机械手喷射混凝土

●田新高速公路 No.1 合同段（贵州桥梁）多功能拱架架立台车安装拱架

●平天高速公路 No.3 合同段（保利长大）拱架安装

●隆林委乐至革布多角度旋转钻孔

●锚杆注浆

●田新高速公路、大凭高速公路仰拱弧形模板

结构组成简单，成本低，易于拼接和拆卸，便于控制施工质量，浇筑成型后拱脚弧形优美。

●天巴高速公路隧道仰拱施工五线法

●大凭高速公路仰拱钢筋施工

●田新高速公路仰拱混凝土浇筑

5.2.6 洞内防排水

 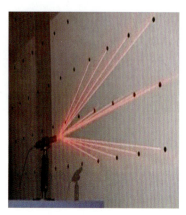 

●南天高速公路 No.2 合同段（中铁一局）激光定位+电磁焊机

●南天高速公路 No.2 合同段（中铁一局）电磁焊焊接施工

采用激光对防水板焊接点进行精准定位，再利用电磁焊机稳固焊接。

●南天高速公路 No.2 合同段（中铁一局）三焊缝爬焊机施工

●平南高速公路 No.2 合同段（中交一航局）防水板铺挂效果

5.2.7　二次衬砌

●南天高速公路、平武高速公路、平天高速公路、天巴高速公路、田新高速公路、大凭高速公路钢筋定位卡具

采用定位角钢卡具绑扎规范化，有效控制钢筋间距。

●南天高速公路、天巴高速公路激光定位仪器

采用激光定位仪器，校核二次衬砌定位钢筋准确度、台车轮廓线放样精度。

●田新高速公路 No.2 合同段（中建六局）二次衬砌钢筋定位胎架

●平武高速公路 No.4 合同段（中交二公局）二次衬砌钢筋施工效果图

● 南天高速公路、平武高速公路、大凭高速公路高分子端模（拱顶透明）

高分子端模可通过螺栓调节端模尺寸，适应各种不同二次衬砌厚度，在透明端模上安装无线摄像头，浇筑混凝土过程中，可用手机 App 或计算机随时监控拱顶混凝土密实情况，防止空洞，保证混凝土浇筑质量。

● 大凭高速公路排水管进行通水试验

● 隧道管沟机器人爬行检查

5.2.8 附属结构

●隧道路面支架前置法钢筋安装

●隧道路面支架前置法混凝土振捣

传力杆钢筋在钢筋加工场绑扎成型，按设计间距连接形成一条整体骨架，使用随车吊调运到现场按伸缩缝设计间距整体安装，两道纵向拉杆钢筋骨架现场绑扎成型，所有钢筋线形、间距、居中定位等均得到有效保证。

采用排式振捣器，一方面节省人力解决大面振捣问题，另一方面在对混凝土进行振捣的同时，也是利用混凝土的流动性进行第二次拉平。

●隧道路面支架前置法施工效果图

●新桂柳高速公路 No.5 合同段（华邦建投）隧道洞内路面激光摊铺

精确控制尺寸，提高了施工速度，保证路面平整美观。

●南天高速公路、平天高速公路、平武高速公路、大凭高速公路电缆沟槽现浇台车

实现电缆沟槽一次浇筑成型，确保沟槽线形流畅，提高电缆沟槽混凝土外观质量。

●新柳南高速公路电缆沟现浇成品效果图

5.2.9 文明施工

● 平武高速公路 No.2 合同段（中建路桥）环形水幕除尘装置

● 新柳南高速公路雾炮机除尘

●崇水高速公路花山服务区

06
房建工程

房建工程

6.1 "样板验收"制

6.1.1 严格执行"装修样板间验收"制度

● 大新至凭祥高速公路样板间

● 平果至南宁高速公路样板间

6.1.2 严格执行"施工样板验收"制度——南天路房建工程施工样板

●砌体抹灰实体样板

●主体结构样板

●水电井+电气预埋实体样板

●楼梯实体样板

●屋面实体样板

●卫生间实体样板

房建工程

6.2 "材料准入"制

●严格执行"材料准入"制

●严格执行"材料准入"制

6.3 场坪／管道／结构柱体／装配式钢结构建筑

6.3.1 房建工程场坪、管网、路面、绿化先行及机电界面工程先行

● 天巴高速公路西山服务区房建工程场坪、管网、路面、绿化先行及机电界面工程先行

● 平南高速公路金陵服务区房建工程场坪、管网、路面、绿化先行及机电界面工程先行

●大凭高速公路上龙收费站优先移交站区场地

6.3.2　管道隐藏包封处理

●沙吴高速公路沙井收费站综合楼

● 巴田高速公路卫生间内污水管包封处理

6.3.3 结构柱体

● 采用异形（T、L形）结构柱体，解决梁柱凸出问题

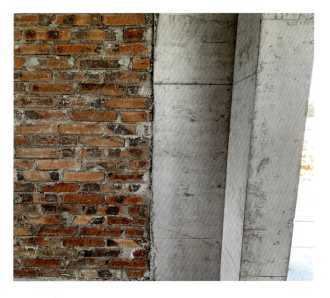

● 荔玉高速公路房建工程异形结构柱

6.3.4 装配式钢结构建筑

● 上林服务区

标准化、模块化设计，工厂预制、现场装配化施工，绿色节能环保。

● 上林东收费站

● 新柳南高速公路装配式钢结构建筑

房建工程 6.4 交旅融合

● 崇水高速公路花山服务区内设置 ETC 进出口车道

●崇水高速公路花山服务区汽车营地

6.5 服务区

房建工程

● 金山服务区

服务区造型美观，和周边环境融为一体。

●乐业服务区（单侧服务区形式）

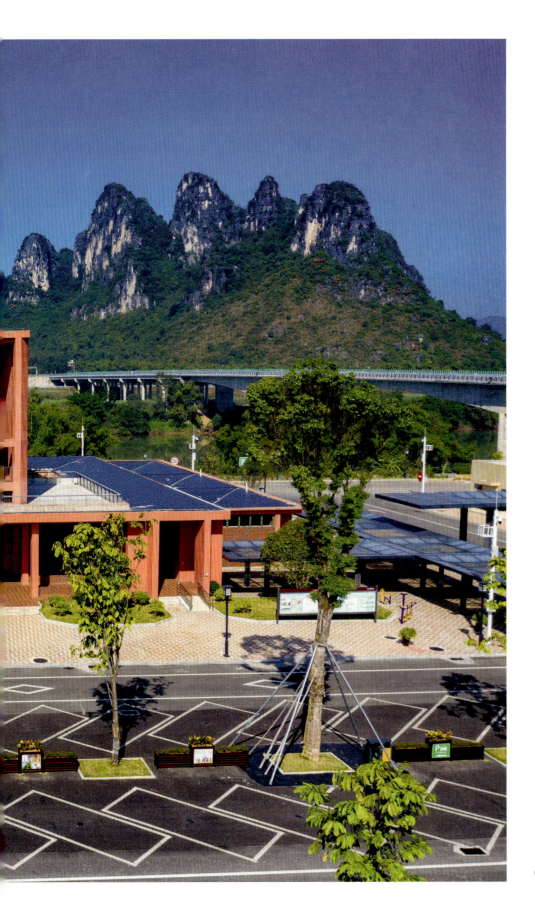

●花山服务区

6.6 精装修施工

6.6.1 砌体工程

● 新桂柳高速公路湖洞收费站

● 荔玉高速公路社坡服务区

6.6.2 楼梯工程

● 采用"2块深色小砖+1块长条整砖"铺砌，在转弯处栏杆环形连接

● 施作滴水线，避免清洗水流到底部污染白色墙面；侧面刷深色外墙漆，实用耐脏

6.6.3 综合楼卫生间

●沙井收费站

●卫生间地漏设置美观

●卫生间墙砖暗装阳角线

6.6.4 服务区卫生间

● 荔玉高速公路龙安服务区

● 金山服务区卫生间（一）

●金山服务区卫生间（二）

6.6.5 服务区综合楼

●新柳南高速公路上林服务区

●金山服务区一楼大厅

07
机电工程

机电工程

7.1 界面工程

7.1.1 界面先行

● 新柳南高速公路上林东收费大棚

提前交付收费大棚、变电所等机电工程界面。

● 崇水高速公路龙州收费站

● 监控中心、机房、收费大棚、配电房、高低位水池、外接电等机电工程相关界面先行施工

7.1.2 界面精细化施工

对防静电地板下地面进行砂浆抹平自流坪漆处理

● 崇水高速公路监控分中心

● 变电所内电缆沟砂浆抹面干净整洁

● 荔玉高速公路电缆沟干净整洁

收费岛设备基础精细化处理，法兰基础和岛面瓷砖融为一体。

● 设备基础法兰进行混凝土包封处理

● 崇水高速公路收费岛

07 机电工程

机电工程

7.2 预留洞室

7.2.1 消防栓箱

● 消防栓箱美化处理

隧道预留洞室和设备边框衔接处美化包封处理，消防支线管槽回封并粘贴瓷砖。

7.2.2　机电设施配电箱及控制箱

● 机电设施配电箱及控制箱美化处理

监控配电箱自带边框或包封处理，边缝处理美观自然。

7.2.3 洞室合并

以 3km 公路隧道为例，隧道内预留洞室共 10 种尺寸，数量为 310 个。

隧道预留洞室合并前规格尺寸一览表（单位：cm）

序号	洞室名称	洞室规格（高×宽×深）	洞室数量（个）
1	隧道车道指示器	30×50×25	24
2	隧道内可变信息标志	70×50×25	8
3	车辆检测器预留洞室	130×90×40	10
4	本地控制器预留洞室	130×90×40	12
5	紧急电话预留洞室	60×130×40	28
6	隧道LED诱导控制器	40×60×30	4
7	监控配电箱预留洞室	40×60×30	26
8	火灾探测光缆接续箱	50×60×35	8
9	光强检测器/CO/VI检测器、风速风向检测器	30×20×20	10
10	摄像机预留洞室	60×40×25	53
11	消防栓洞室	135×192×35	111
12	照明控制箱	130×100×40	16
合计	12种洞室类型	10种尺寸	310

将部分尺寸规格相符的洞室整合归类,将10种归类成5种。然后采用定型模板,既保证预留洞室质量,又便于施工。

隧道预留洞室合并后规格尺寸一览表(单位:cm)

序号	设备名称	安装位置	预留洞室尺寸(宽×高×深)	安装高度
1	CO/VI检测器	右侧	20×20×20	350
2	风向风速检测器	右侧		350
3	光强检测器	右侧		250
4	车行横通道指示器	左侧		250
5	人行横通道指示器	左侧		250
6	紧急停车带指示器	右侧		250
7	疏散诱导指示器	两侧		130
8	插座箱	左侧		130
9	火灾综合盘	右侧	60×70×30	135
10	紧急电话	右侧		110
11	车道指示器	右侧		110
12	隧道可变信息标志	右侧		110
13	监控摄像机	右侧		110
14	LED诱导灯控制器	左侧		110
15	监控配电箱	右侧		80
16	应急照明配电箱	左侧		80
17	车辆检测器	右侧	130×130×35	60
18	本地控制器	右侧		60
19	灭火器箱	右侧		80
20	照明配电箱	左侧		80
21	风机配电箱	左侧	190×135×35	80
22	消防设备箱	右侧		70

7.3 永临结合

7.3.1 供配电永临结合

● 供配电永临结合

拌和站、隧道、桥梁、房建工程等涉及的临时用电与运营期用电相结合，项目驻地等其他临时用电与地方生产、生活用电相结合，实现临时用电永临结合。

7.3.2　变电所、信息化中心永临结合

● 南天高速公路向阳 3 号隧道隧道口永临结合信息化中心

7.4 技术工艺

7.4.1 通信管道

● 硅芯管敷设顺直整齐，间隔 10m 绑扎一道，绑扎规范，间隔 20~30m 用定制卡箍固定。远程供电电缆管道与通信管道间隔距离大于 25cm

● 硅芯管敷设完成后回填 5cm 厚细沙

7.4.2 机房

● 通信机房整洁有序

● 机房内线缆布放绑扎规范

● 机房设置工具墙，维护工具排列有序

● 标签规范清晰

7.4.3　外场电缆敷设

● 沟内铺底砂或细土，对电缆进行分段固定，且间隔均匀

● 电缆交叉处分层敷设，分层有序

7.4.4 远程供电电缆敷设

●远程供电电缆优化

在满足相关的标准、规范的前提下将以往在路肩敷设方式优化为从中央分隔带硅芯管内敷设,避免开挖破坏沿线路肩,防止破坏绿化及污染路面。远程供电电缆管道宜采用 2 根 50/43 硅芯管用于气吹敷设供电电缆。

7.4.5 变电所

●变电所

配电房地面标准化装修,操作区域、安全区域分隔处理,层次分明。

●排列整齐有序高低压柜

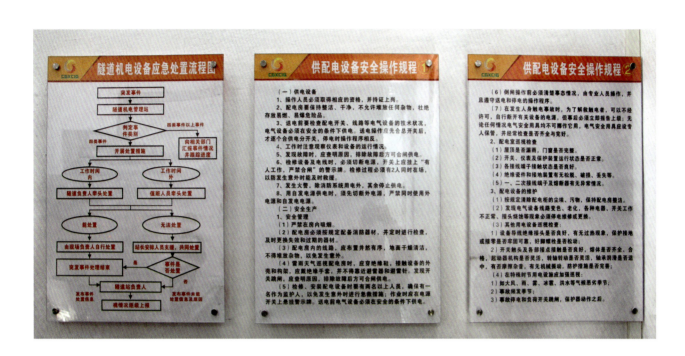

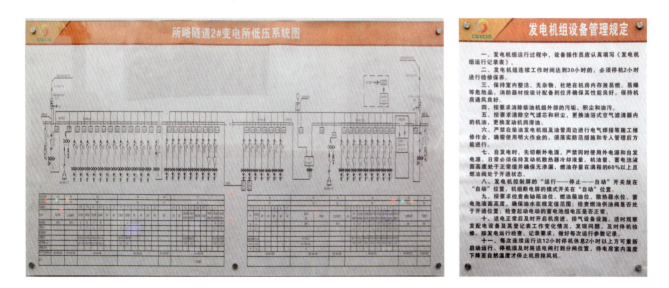

●配电房电力系统图及制度流程图展板

7.4.6　配电柜电缆

●配电柜接线整洁有序

●电缆进出线口防鼠泥封堵规范美观

7.4.7　电缆敷设

●隧道变电所电缆沟内电缆排列整齐，标签规范

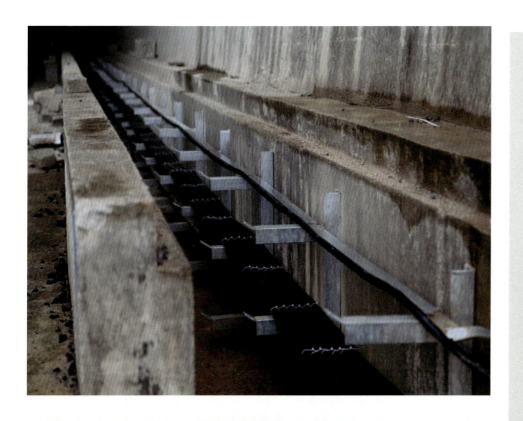

● 隧道电缆沟内电缆排列整齐有序

7.5 信息化应用

机电工程

- 基于 AI 的事件检测系统

  发生异常事件自动弹跳现场监控图像并报警。

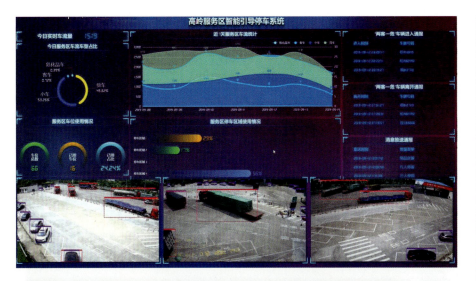
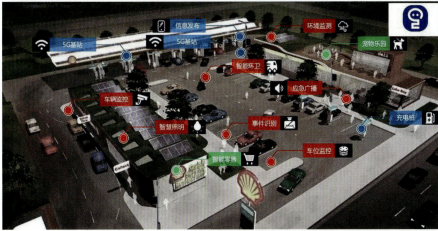

● 服务区监测系统及智能引导停车系统

8.1 交通标线

8.1.1 路面标线

●标线顺直整洁

●标线厚度检测

●标线逆反射检测

8.1.2 隧道出入口及特殊路段交通标线

● 隧道出入口设置彩色防滑标线

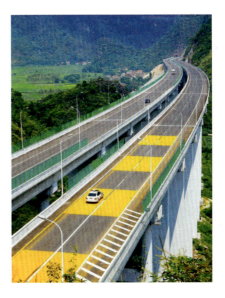

● 特大桥梁路段设置彩色防滑标线

8.1.3 隧道立面标识

● 隧道入口洞门设置黄黑相间的立面标识

● 隧道紧急停车带设置黄黑相间的立面标识

8.2 护栏

8.2.1 钢护栏

● SB 级旋转护栏，增强防撞性能

● 波形钢护栏曲线圆润顺直

8.2.2 新泽西护栏

8.2.2.1 新泽西护栏预制安装施工

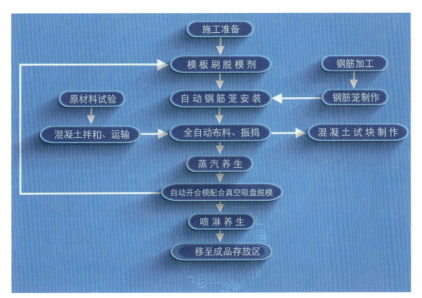

● 护栏自动生产线工艺流程

● 巴田高速公路新泽西护栏全自动生产线

● 护栏钢筋在定位胎架上绑扎

● 钢筋笼入模安装

● 混凝土浇筑

● 轨道行走系统

● 全自动开合模配合真空液压吸盘脱模——304超精磨8K不锈钢镜面模板

● 全自动开合模配合真空液压吸盘脱模——全自动开合模装置

● 喷淋养生

● 混凝土护栏成品

● 巴田高速公路新泽西护栏安装线形顺直，表面光滑平整

8.2.2.2　新泽西护栏滑膜施工

●滑模摊铺护栏调平层

●钢筋安装整体效果

●滑模机摊铺

●滑膜施工效果

8.2.2.3 隧道洞口、桥梁端头过渡段护栏

●桥梁端头设置翼墙与钢护栏过渡衔接

●隧道洞口设置翼墙与钢护栏过渡衔接

8.3 视线诱导设施

8.3.1 雾区智能行车诱导系统

● 大雾频发路段设置雾区智能行车诱导系统

8.3.2 视线诱导设施

● 上游端三角区设置防撞垫　　● 隧道内设置反光轮廓带

8.4 "双符合"验证

交安工程

● 开展"双符合"性核查

1. 核查交安工程设计图纸是否与现场地形地貌及有关标准、规范相符合；

2. 核查完工的交安工程是否与设计图纸相符合。

08 交安工程

09
绿化工程

9.1 苗木准入制

绿化工程

9.1.1 实施"三阶准入制"（图片初审、实地考察、封签锁定）

●图片初审

●实地考察

●封签锁定

9.1.2　苗木保护

●起苗时采用井字包扎法保证土团的完整

●灌木球苗加套塑料保护袋，减少树冠损伤

9.2 边坡绿化

9.2.1 蜂巢约束系统改善边坡防护

● 边坡可混合草种，根据气候环境采用大花金鸡菊 + 金盏菊、波斯菊 + 美丽月见草 + 柳叶马鞭草等多种组合

9.2.2 植被混凝土喷播边坡防护

推荐：狗牙根、百喜草、糖蜜草和波斯菊、大金花菊、硫华菊等。

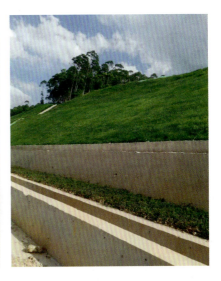

● 植被混凝土喷播边坡防护

9.2.3 石质及抗滑桩边坡绿化

藤本推荐：爬山虎、使君子、凌霄花、炮仗花等；灌木推荐：朱瑾、黄蝉、红绒球等。

● 爬藤植物＋花灌木多层次复合组团形式

9.2.4 边坡绿化全貌

●边坡整体绿化美观自然,和周边融为一体

9.3 中分带绿化

9.3.1 中分带填土

● 平南高速公路新泽西护栏中分带填土自动喂料机

9.3.2 中分带绿化

● 平南高速公路新泽西护栏中分带绿化（红叶石楠 + 紫花马缨丹）

● 平南高速公路新泽西护栏中分带绿化（红继木 + 朱槿间种）

●中分带绿化种植拉线控制高度

●种植阶段修剪整形

9.3.3 分离式路基和隧道口绿化

● 分离式路基段绿化

大于8m分离式路基段和隧道口，采用自然式组团设计，10~20m配置一处乔、灌、草组团；打造疏林草地、简洁通透、自然融合的效果。

9.4 互通区、站区、服务区绿化

9.4.1 互通区绿化

● 疏林草地，干净通透

9.4.2　站区绿化

●站区园林式绿化景观

以建筑为主体,划分绿地功能,设计丰富的植物群落美化景观,疏密结合,空间通透;增加休闲园路、铺装广场、健身器材、石桌椅等景观小品设施;预留地简单通透。

09 绿化工程

9.4.3 服务区绿化

●服务区绿化简洁自然，和周边环境融为一体

10 美丽高速

● 河池至都安高速公路（国家优质工程金奖、公路交通优质工程奖、真武阁杯奖）

● 靖西至那坡高速公路（国家优质工程奖、真武阁杯奖）

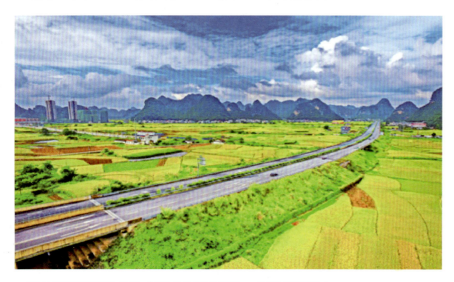
● 百色至靖西高速公路（国家优质工程奖、真武阁杯奖）

● 梧州至柳州高速公路（国家优质工程奖、公路交通优质工程奖、真武阁杯奖）

●来宾至马山高速公路（公路交通优质工程奖、真武阁杯奖）

●马山至平果高速公路（公路交通优质工程奖、真武阁杯奖）

●崇左至靖西高速公路（公路交通优质工程奖、真武阁杯奖）

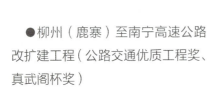
●柳州（鹿寨）至南宁高速公路改扩建工程（公路交通优质工程奖、真武阁杯奖）

●梧州环城公路扶典口西江特大桥（公路交通优质工程奖、真武阁杯奖）

●灌阳至凤凰高速公路（真武阁杯奖）

● 靖西至龙邦高速公路（真武阁杯奖）

● 钦州至崇左高速公路（真武阁杯奖）

●柳州至武宣高速公路（真武阁杯奖）

● 六景至钦州港高速公路（真武阁杯奖）

●河池至百色高速公路（真武阁杯奖）

●玉林至铁山港高速公路
（真武阁杯奖）

● 六寨至河池、宜州至河池高速公路拉会大桥

● 阳朔至鹿寨高速公路

● 南宁外环公路安吉互通

● 崇左至水口高速公路（真武阁杯奖）

●三江至柳州高速公路

●松旺至铁山港高速公路

●乐业至百色高速公路（真武阁杯奖）

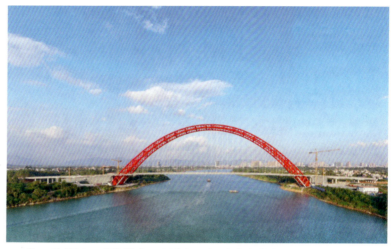

●荔玉路平南三桥（第十五届"中国钢结构金奖年度杰出工程大奖"，主桥为575m中承式钢管混凝土拱桥，是目前世界已建成最大跨径的拱桥）

●荔玉路相思洲大桥（中国钢结构金奖、广西钢结构金奖，主跨450m，是目前广西最大跨径斜拉桥）

●荔浦至玉林高速公路

●新柳南高速公路

●沙井至吴圩高速公路

●桂林至柳城高速公路